Bibliografische Information der Deutschen Nationalbibliothek:

Die Deutsche Bibliothek verzeichnet diese Publikation in der Deutschen National-
bibliografie; detaillierte bibliografische Daten sind im Internet über http://dnb.d-
nb.de/ abrufbar.

Impressum:

Copyright © 2016 GRIN Verlag, Open Publishing GmbH
Druck und Bindung: Books on Demand GmbH, Norderstedt Germany
ISBN: 9783668414839

Dieses Buch bei GRIN:

http://www.grin.com/de/e-book/355528/papa-ist-weg-na-und-auswirkungen-einer-
trennung-scheidung-der-eltern

Nicole Jacob

Papa ist weg, na und? Auswirkungen einer Trennung/Scheidung der Eltern auf die kindliche Entwicklung

GRIN Verlag

GRIN - Your knowledge has value

Der GRIN Verlag publiziert seit 1998 wissenschaftliche Arbeiten von Studenten, Hochschullehrern und anderen Akademikern als eBook und gedrucktes Buch. Die Verlagswebsite www.grin.com ist die ideale Plattform zur Veröffentlichung von Hausarbeiten, Abschlussarbeiten, wissenschaftlichen Aufsätzen, Dissertationen und Fachbüchern.

Besuchen Sie uns im Internet:

http://www.grin.com/

http://www.facebook.com/grincom

http://www.twitter.com/grin_com

Hochschule Koblenz
Fachbereich Sozialwissenschaften
Modul 10.1 Soziale Arbeit mit Kindern und Jugendlichen:
Dialog und Intervention

HAUSARBEIT

Papa ist weg, na und?!

Wie wirkt sich eine Trennung/Scheidung der Eltern auf die kindliche Entwicklung aus?

Nicole Jacob
BASA-online: Soziale Arbeit
Wintersemester 2016
Abgabe: 13.03.2016

Inhaltsverzeichnis

1. Einleitung

Eine Trennung oder Ehescheidung, nachfolgend wird zur Vereinfachung von Trennung gesprochen, markieren den Schlussstrich unter einem gemeinsamen Leben eines Paares oder einer Familie.

Nach den Angaben des statistischen Bundesamtes wurde im Jahr 2014 knapp jede dritte Eheschließung in Deutschland geschieden (vgl. Statistisches Bundesamt 2015, S. 8). Von 8,1 Millionen Familien mit minderjährigen Kindern leben knapp 20% bei einem alleinerziehenden Elternteil. Im Hinblick auf die Kinder und Jugendlichen spricht man von 12,9 Millionen, davon leben 17% bei einem Elternteil (vgl. Bundesministerium für Familie, Senioren, Frauen und Jugend 2015).

Aus meiner ehemaligen sozialtätigen Praxis, im Rahmen der ambulanten Jugendhilfe, kommen 90% der Kinder und Jugendlichen aus Trennungsfamilien, die aufgrund von Verhaltensauffälligkeiten Unterstützung erfahren. So auch beispielsweise der zwölfjährige Tom (Name wurde geändert), der sich in der Schule und im Gruppenkontext stark verhaltensauffällig zeigt: zum einen droht er seinen Mitschülern, zeigt impulsives und aggressives Verhalten, schlägt schnell zu und verbucht bereits drei Anzeigen bei der Polizei. Zum anderen weist er eine niedrige Frustrationstoleranz auf, weint in Gesprächen häufig, wenn er mit seinem Verhalten konfrontiert wird und hat Schwierigkeiten sich konzentrieren zu können. Seine Eltern sind seit 8 Jahren geschieden und streiten sich, wenn sie punktuell Kontakt haben. Auf die Frage nach seinem Vater sagte er: "Papa ist weg, na und?!"

Hier stellt sich die Frage, ob sich die Trennungsgeschichte der Eltern auf die kindliche Entwicklung ausgewirkt hat?

Der Beantwortung dieser Frage wird sich in der vorliegenden Hausarbeit genähert.

So erscheint es zum einen wichtig zu sein, bindungstheoretische Annahmen hinzuzuziehen. Als erstes wird die Bindungstheorie von John Bowlby beleuchtet und die Verschiedenheit von Qualitäten der Mutter-Kind-Bindung betrachtet. Zum anderen werden neuere Forschungsergebnisse in Bezug auf Bindung behandelt. In diesen Kapitel werden die Bindungsqualitäten im Trennungs- und Nachtrennungsprozess beleuchtet.

Darauf folgen mögliche psychischen Folgen, Kindeswohlgefährdung und Unterstützungsangebote für Eltern.

Im Ausblick wird das Vorangegangene zusammengefasst, die Forschungsfrage beantwortet und die Konsequenz für die Soziale Arbeit dargestellt.

Diese Hausarbeit erhebt keinen Anspruch auf Vollständigkeit, da dies den Rahmen sprengen würde. Es wird auf Primär- und Sekundärliteratur zurückgegriffen und für die Bearbeitung verwendungsfähige Internetquellen herangezogen.

2. Bindung

2.1 Begriffsbestimmung: Bindung

Bindung ist ein allgemeiner Begriff, der sich auf den Zustand und die Qualität von einer individuellen Bindung bezieht (Holmes/Grossmann 2006, S. 88). Desweiteren wird Bindung nach Ainsworth, als die besondere Beziehung zwischen einem Kind und seiner Mutter oder auch sonstigen primären Bezugspersonen, die es betreuen, bezeichnet. "Sie ist im Gefühl verankert und verbindet das Individuum mit der anderen, besonderen Personen über Raum und Zeit" (Keller 1997, S. 51 und vgl. Grossmann/Grossmann 2012, S. 31). Bowlby benutzt den englischen Begriff "to attach", der zum einen "etwas befestigen" bedeutet und zum anderen "durch Gefühle der Zuneigung verbunden sein" (Grossmann/Grossmann 2003, S. 7). Wie Bowlby formuliert, setzt Bindung ein "durch spezifische Faktoren gesteuertes starkes Kontaktbedürfnis gegenüber bestimmten Personen voraus und stellt ein dauerhaftes, weitgehend stabiles und situationsunabhängiges Merkmal des Bindungsstrebenden dar" (Bowlby, 1995, S.37).

2.2 Bindungstheorie nach Bowlby

„Die Bindungstheorie und die Bindungsforschung befassen sich mit der Psychologie von den besonderen Beziehungen zwischen Bindungspersonen und ihren Kindern" (Grossmann/ Grossmann 2012, S. 29).

Die signifikante Bindungstheorie wird 1950 von John Bowlby, einem englischen Kinderpsychiater und Psychoanalytiker, begründet (vgl. Spangler/Zimmermann 2009, S. 9). Mary D. Salter Ainsworth, eine klinische Psychologin und mit Bowlby befreundet, untermauert seine Theorien durch empirische Befunde (vgl. Grossmann/Grossmann 2009, S. 8). Die Bindungstheorie stelle eine Konzeption der Persönlichkeitsentwicklung des Menschen, als Folge seiner frühkindlichen Erfahrungen vor, in dem klinisch-psychoanalytisches Wissen mit dem evolutionsbiologischen Denken verbunden werde (ebd.).

Die Bindungstheorie besagt, dass ein Säugling ein angeborenes Bedürfnis habe, in bindungsrelevanten Situationen Nähe, Zuwendung und Schutz einer vertrauten Person zu suchen. Gleich nach der Geburt entwickeln sich Bindungsverhaltensweisen, um bei Bedarf Nähe zur Bindungsperson herzustellen. Durch dieses angeborene Verhaltensrepertoire sichere sich der Säugling im ersten Lebensjahr die Nähe seiner Bezugsperson, zu der er ein interaktives Bindungssystem aufbaue. Das Bindungsverhalten werde durch die Trennung von der primären Bindungsperson, wie auch durch das Erleben von Angst aktiviert. Bindungsverhalten zeige sich darin, dass der Säugling nach der Bindungsperson sucht, weint, ihr nachläuft und sie festumklammere. Durch körperliche Nähe zur Bindungsperson beruhige sich das Kind wieder (Briesch 2008, S. 90).

2.3 Postulate der Bindungstheorie

Die Postulate der Bindungstheorie lassen sich nach Bowlby (Grossmann/Grossmann 2012, 67f.) wie folgt fixieren:

"1. Für die seelische Gesundheit des sich entwickelnden Kindes ist kontinuierliche und feinfühlige Fürsorge von herausragender Bedeutung.
2. Es besteht die biologische Notwendigkeit, mindestens eine Bindung aufzubauen, deren Funktion es ist, Sicherheit zu geben und gegen Stress zu schützen. Eine Bindung wird zu einer erwachsenen Person aufgebaut, die als stärker und weiser empfunden wird, so dass sie Schutz und Versorgung gewährleisten kann. Das Verhaltenssystem, das der Bindung dient, existiert gleichrangig und nicht nachgeordnet mit den Verhaltenssystemen, die der Ernährung, Sexualität und der Aggression dienen.
3. Eine Bindungsbeziehung unterscheidet sich von anderen Beziehungen besonders darin, dass bei Angst das Bindungsverhaltenssystem aktiviert und die Nähe der Bindungsperson aufgesucht wird, wobei Erkundungsverhalten aufhört. Andererseits hört bei Wohlbefinden die Aktivität des Bindungsverhaltenssystems auf und Erkundungen und Spiel setzt ein.
4. Individuelle Unterschiede in Qualitäten von Bindungen kann man an dem Ausmaß unterschieden, in dem sie das Gefühl psychischer Sicherheit vermitteln.
5. Mit Hilfe der kognitiven Psychologie erklärt die Bindungstheorie wie früh erlebte Bindungserfahrungen geistig verarbeitet und zu inneren Modellvorstellungen (Arbeitsmodelle) von sich und anderen werden" (Grossmann/Grossmann 2012, S. 70).

2.3.1 Qualität der Fürsorge

Die feinfühlige Fürsorge sei das rasche, verlässliche und adäquate Reagieren der Mutter in Bezug auf die Bedürfnisse des Kindes (vgl. Berk 2011, S. 266). Wichtig hierfür sei, dass die Mutter häufig Kontakt zum Kind habe und eine niedrige Schwelle für die kindlichen Äußerungen aufweise. Die Bindungsperson solle sich in die Situation des Kindes richtig einfühlen können. Dies bedeute z.B., dass sie den Wunsch nach Nähe als solche richtig interpretiere, dem nachkomme und eigene Bedürfnisse ausklammere.

Die Bedürfnisse sollten sofort gestillt werden, da die Gedächtnisspanne des Kind im Säuglingsalter sehr kurz sei und spätere Reaktionen nicht mehr zugeordnet werden könnten (Suess/Scheuerer-Englisch/Pfeiffer 2001, S. 35f.; vgl. Keller 1997, S. 62f).

2.3.2 Biologische Notwendigkeit

Laut Karl-Heinz Brisch ist Bindung "emotionale Nahrung, die uns am Leben hält" (Brisch 2014, S. 22). Näher beschreibt er Bindung als essentiell und vergleicht dieses Bedürfnis mit lebenswichtigen Bedürfnissen wie Luft, Bewegung, Schlafen, Essen und Trinken. Kinder die keine Bindung aufweisen, zeigen baldig Symptome wie Hospitalismus, d.h. stereotype Bewegungen wie schaukeln. Werde dem Kind weiterhin kein Bindungsangebot gemacht, würden sich die motorischen Fähigkeiten zurückentwickeln und das Kind versterben (vgl. ebd.).

2.3.3 Bindungs- und Explorationsbalance

Exploration bedeute wörtlich Erkundung. Im zu beleuchtenden Zusammenhang ist das neugierige Erkundungsverhalten kleiner Kinder gemeint, was als entdeckendes Lernen bezeichnet werden kann (vgl. Tenorth 2012, 226 zit. n. Kirschke/Hörmann 2014, S. 19). Neben der Qualität der feinfühligen Fürsorge sei das Auskundschaften und Erleben der Umwelt für eine gesunde Entwicklung des Kindes wichtig. Durch die Exploration lerne und erweitere das Kind Handlungskompetenzen (vgl. Kirschke/Hörmann 2014, S. 6). "Exploration und Bindung treten dabei in Ergänzung und im Wechselspiel zu einander auf" (Kirschke/Hörmann 2014, S. 6). Damit das Kind sorglos explorieren könne, brauche es zunächst emotionale Sicherheit (vgl. ebd.). Anhand der nachfolgenden Grafik, wird das Zusammen- und Wechselspiel verdeutlicht:

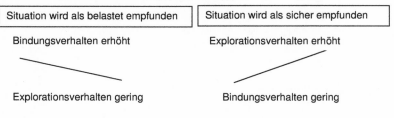

(vgl. Kirschke/Hörmann 2014, S. 6).

Sei das Kind in einer belastenden oder bedrohenden Situation, versuche es sich z.B. durch Schreien eine Bindung zur fürsorglichen Person einzufordern, um sich sicher fühlen zu können. Fühle es sich beschützt und wohl, sei das Kind in der Lage seine Umgebung zu erkunden (vgl. ebd.).

2.3.4 Bindungsqualitäten

Die Bindungsqualität kennzeichne die Beziehung eines Kindes zu einer Bezugsperson. Sie beschreibt, in welchem Ausmaß und in welcher Weise Gefühle emotionaler Sicherheit vermittelt werden und eine Bindungsperson zu deren Aufrechterhaltung beiträgt (vgl. Grossmann/Grossmann 2012, S. 140). Laut Bowlby könne ein Kind an verschiedene Personen unterschiedlich gebunden sein und es verfüge über eine Hierarchie seiner Bindungspersonen. Gehe es dem Kind nicht gut, verlange es nach der primären Bindungsperson, was am häufigsten die Mutter sei (vgl. Klein 2010, S.8).

Ainsworth entwickelt ein Setting zur Erforschung frühkindlicher Beziehungsqualitäten, die sogenannte „Fremde Situation". In diesen Testsituationen werden Kinder im ersten und zweiten Lebensjahr, in acht kurzen Episoden, für wenige Minuten von ihrer Bezugsperson getrennt und danach wiedervereinigt (vgl. Berk 2011, S. 261). Bei der Auswertung werden zuerst drei unterschiedliche organsierte Bindungstypen entdeckt und definiert, die folgend näher erläutert werden (vgl. Grossmann/Grossmann 2012, S. 140f). Ein weiterer wichtiger Beitrag zum Thema Bindungsqualitäten liefern Mary Main und Judith Solomon im Jahr 1986, die die 10% der ungelösten Fälle, die nicht der organisierten Bindungsmuster zugeordnet werden konnten, untersuchten. Diese wurden als "Desorganisation" bzw. "Desorientierung" bezeichnet (vgl. Grossmann/Grossmann 2012, S. 156).

Sichere Bindung

Für Kinder, die sicher gebunden sind, sei die Bezugsperson die sichere Ausgangsbasis. Nach der Trennung ist es möglich, dass das Kind weint. Grund hierfür sei, dass die Mutter abwesend ist und es diese der fremden Person vorziehe. Nach Rückkehr der Bezugsperson, suche das Kind aktiv Körperkontakt und lasse sich trösten, wonach es sich nach kurzer Zeit wieder beruhige und weiter das Spielzeug exploriere (vgl. Berk 2011, S. 262; Grossmann/Grossmann 2012, S. 149f.). Eine sichere Bindung bedeute somit, dass Kinder in einer unterstützenden Mutter-Kind-Beziehung belastende Erfahrungen integriere und damit eine Toleranz negative Erfahrungen entwickele (vgl. Keller 1997, S. 88). Bindungssicherheit führe zu einer größeren Zuversicht und zu weniger Ängstlichkeit in Bezug auf weitere Beziehungen und die Herausforderungen des Lebens (vgl. Hötker-Ponath 2008, S. 7).

Unsicher-vermeidende Bindung

Das Kind exploriere im Raum und beachte seine Mutter nur wenig, auch wenn diese den Raum verlasse. Das Kindes vermeide trotzdem alleine gelassen zu werden. Trennungsleid ist bei dem Kind nicht erkennbar, es spiele mit einer fremden Person weiter. Kehre die Mutter zurück, schaue es zu ihr, um zu sehen wer in den Raum gekommen ist. Anders als das sicher gebundene Kind, vermeide es, Bindungsgefühle zum Ausdruck zu bringen und spiele weiter. Dieses Spiel sei allerdings gekennzeichnet durch Halbherzigkeit, weniger Konzentration und weniger Hand-Augen-Koordination (vgl. Berk 2011, S. 262; Grossmann/Grossmann 2012, S. 152).

Unsichere-ambivalente Bindung

Die unsicher-ambivalente Bindungsqualität sei gekennzeichnet durch ein ausgeprägtes, widersprüchliches und übertrieben-dramatisches Verhalten des Kindes. Versuche die Mutter während der Explorationsphase den Raum zu verlassen, klammere sich das Kind an sie, zeige sich verärgert und erregt. Lasse sie das Kind, alleine zeige es sich hilflos und ohne beruhigende Selbstorganisation. Die dreiminütige Trennungsepisode müsse fast immer unterbrochen werden. Kehre die Mutter zurück, nehme das Kind sofort Körperkontakt auf, lasse sich aber nur schwer beruhigen und widersetze sich trotzig-wütend der Mutter.
Hier spricht Ainsworth von einem Kontaktwiderstand. (vgl. Grossmann/Grossmann 2012, S. 154f; Berk 2011, S. 263).

Unsicher-desorganisierte / desorientierte Bindung

Ein Kind mit unsicher desorganisiertem Verhalten zeige in diesem Setting ein widersprüchliches Verhalten. Solche Kinder können z.B. während der Trennung sehr ruhig sein und außerordentlich gestresst und ärgerlich reagieren, wenn die Mutter zurückkomme. Sie zeigen auch unvollendete und unterbrochene Ausdrucksbewegungen, die ihr Ziel zu verlieren scheinen. Sie zeigen sich unter anderem in Stereotypien, asymmetrischen, zeitlich unkoordinierten Bewegungen und anomalen Gesten und Haltungen, oder auch frieren ihre Bewegungen ein oder verlangsamen sich. Diese Kinder können sich z.B. von den Eltern wegbewegen anstatt zu ihnen hin, wenn sie Angst bekommen (vgl.Grossmann/Grossmann 2012,S.158f; Berk 2011, S. 263).

2.3.5 Internale Arbeitsmodelle

Ein Säugling entwickele im Laufe seines ersten Lebensjahres eine Vorstellung darüber, wie Bezugspersonen mit ihm in Interaktion treten. Bowlby gehe davon aus, dass sich auf der Grundlage wiederholt erfahrener typischer Interaktionsmuster der Beziehungspersonen das Kind eine Erwartungshaltung entwickele, ob sie für ihn verfügbar sind und auf es reagieren werden. Zu Beginn seien es einfache Erwartungen, wie entspannungsbringende Reaktionen, die sein Leid beseitigen. Später erschließe sich das Kind daraus generelle Erwartungshaltungen oder "Internale Arbeitsmodelle" (vgl. Grossmann/Grossmann 2004, S. 79). Dieses internale Arbeitsmodell werde zu einem signifikanten Bestandteil der Persönlichkeit und stehe als Modell für alle zukünftigen engen Beziehungen dar (vgl. Berk 2011, S. 261).

Das internale Arbeitsmodell verändere sich mit der zunehmenden kognitiven Entwicklung des Kindes zu einer komplexeren und weitgefassteren Repräsentation: das Kind überprüfe sie in der Interaktion mit den Eltern, wenn es weitere Bindungen zu sonstigen Erwachsenen oder Freunde eingehe (vgl. ebd.).

3. Bindungsforschung

Eine Trennung oder Scheidung stelle eine Krise im Lebenslauf des Kindes oder des Jugendlichen dar. Dieser Lebensabschnitt erfordere eine massive Anpassungsleistung der Heranwachsenden, da sie mit ihrem vorherig gelernten Verhaltensrepertoire nicht mehr auskämen. Gefühle des Verlassen-werden, Ohnmacht und Ängste können bei Kindern eigene Schuldzuweisungen und Verhaltensauffälligkeiten entstehen lassen. Dabei werde ein auffälliges Verhalten des Kindes als gesünder erachtet, als unauffällige. Die Reaktionsweisen seien unterschiedlich und von Kind zu Kind individuell, ebenso von der Trennungsgeschichte der Eltern abhängig (vgl. Hötker-Ponath 2008, S. 2f).

3.1 Die Bedeutung des Vater für psychische Sicherheit und Bindung

Grossmann und Grossmann beschreiben in ihrem Buch "Bindung- das Gefüge psychischer Sicherheit" von 2004 die Andersartigkeit der Interaktionserfahrungen zwischen Vater und Kind, die sich im spielerischen Beisammensein zeige. Ihre Forschungen über die Vater-Kind-Beziehung zeigen eine besondere Charakteristik, in der der Vater das Kind als "vertrauter, starker und weiser Gefährte" (Grossmann/Grossmann 2004, S. 221) bei seinen Erkundungen unterstütze und ermutige. Anders als Mütter, die sich größtenteils um die Versorgung kümmern, beschäftigen sich Väter in folgenden Rollen um die Kinder:

> - "als interessanter, weil andersartiger Interaktionspartner, der andere und auch oft aufregendere Dinge mit dem Kind macht als die Mutter, und zwar schon im Säuglingsalter" (Feldmann 2000, zit. n. Grossmann/Grossmann 2004, S. 223)
>
> - "als Herausforderer, der das Kind auffordert, Neuartiges zu tun, das es sich ohne seine Hilfe nicht zutrauen würde" (Murphy 1997, zit. n. Grossmann/Grossmann 2004,

S. 223)

> - "als Vermittler von Bereichen der Umwelt, die ohne seine sorgsame Umsicht für das Kind zu gefährlich wären, z.B. Feuer, Wasser, Abgründe und Höhlen" (Harkness/Spengler 1992, zit. n. Grossmann/Grossmann 2004, S. 223)
>
> - "als Vermittler von Spielen und Festivitäten der jeweiligen Kulturen" (Hewlett 1992, zit. nach Grossmann/Grossmann 2004. S. 223)
>
> - "als Lehrer und Mentor, um den Kind sein eigenes Können und Wissen zu vermitteln, wie man eine Familie ernährt" (Rogoff 2003, zit. n. Grossmann/Grossmann 2004, S. 223).

Hier komme es allerdings ebenso auf die Feinfühligkeit und die Fähigkeiten des Vaters an, der eine diffizile Balance zwischen Herausforderung und Unterstützung zeigen müsse. Psychisch kranke oder aggressive Väter können die psychische Entwicklung des Kindes gefährden (vgl. Grossmann/Grossmann 2004, S. 224).

Die deutschen Bindungsforscher Grossmann und Grossmann fassen ihre Ergebnisse der Bielefelder Längsschnittstudie wie folgt zusammen:

> „Beide Elternteile gemeinsam scheinen demnach das Fundament für eine sichere Bindungsentwicklung des Kindes zu legen. Beide investieren in das Bedürfnis ihrer Kinder nach Sicherheit und Schutz, indem sie auf deren Bedürfnis nach Nähe, nach einer sicheren Basis und nach Exploration im psychisch entspannten Raum angemessen und prompt reagieren. Ohne Verfügbarkeit, die richtige Interpretation, die Unterstützung und die Kooperation der Bindungsperson ist die kindliche Exploration nachweislich weniger differenziert und weniger konzentriert."

(Grossmann/Grossmann et al. 2002, zit. n. M. Stiehler 2006, S. 32)

3.2 Die Abwesenheit des Vaters

Die Interaktionsstiele von Vater und Mutter in Bezug auf das Kind sind unterschiedlich und haben spezielle Funktionen. Wie im vorangegangen Punkt konstatiert, ist für die sichere Bindung nicht nur die mütterliche Feinfühligkeit wichtig, wie in Kapitel 2.3.1

"Qualität der Fürsorge" beschrieben, sondern ebenfalls die Qualität der spielerische Interaktion mit dem Vater.

Die Vaterabwesenheitsforschung befasse sich mit den Unterschieden in Entwicklungs-verläufen von Heranwachsenden, die teilweise oder gänzlich ohne Vater aufwachsen zu denen, die mit Vater aufwachsen. Die Ergebnisse belegen zum einen, dass Kinder die ohne Vater aufwachsen eher beeinträchtigt sind als Kinder die ihren Vater an der Seite haben. Zum anderen wird auf weitere Faktoren hingedeutet, wie die nicht be-obachtbaren kausal zusammenhängen Effekte, die die Forschungsergebnisse in Frage stellen können. So seien z.B. Elternkonflikte vor der Vaterabwesenheit oder Ähnlichkei-ten von Vater und Mutter, die bei der Paarbildung als positiv erachtet wurden, sich aber nach der Trennung auf das Verhalten der Mutter negativ auswirken und daraus resul-tierend die kindliche Entwicklung schädigen können, zu beachten (Klein, 2010, S.80f).

3.3 Bindungsqualität im Trennungs- und Nachtrennungsprozess

Durch eine Trennung verändern sich die familiären Strukturen und die Beziehungsge-staltung zwischen Eltern und Kindern und müssen neu definiert werden. Dieser Pro-zess wirke sich auf die Bindung zwischen Eltern und Kinder aus und könne in zwei Aspekten unterschieden werden. Auf der einen Seite stelle die Bindung einen Schutz- und Risikofaktor dar. Auf der anderen Seite wirke sich der Trennungsprozess auf die Bindungsqualität des Kindes aus (vgl. Klein 2010, S. 81).

Im folgenden werden die Bindungsqualitäten des ersten Kapitel dieser Arbeit im Hin-blick auf die Folgen im Trennungs- und Nachtrennungsprozess beleuchtet.

Folgen für Kinder mit sicherer Bindung

Sicher gebundene Kinder besitzen die Fähigkeit offen über Gefühle, Ängste und Sor-gen zu sprechen und sich bei der feinfühligen Mutter Unterstützung in einer Krise ein-zufordern. Stehe die Mutter im Trennungsprozess weiterhin als sichere Basis zur Ver-fügung, sei dies ein großer Schutzfaktor für das Kind, der es vor einem negativen Ent-wicklungsverlauf schützen könne (vgl. Klein 2010, S. 83).

Jedoch sind zwei Aspekte zu konstatieren: Reagiere die Mutter mit Depressionen auf die Trennung, arbeite mehr oder ändere ihre Verhaltensweisen und Unterstützungsan-gebote gegenüber dem Kind, ändere sich womöglich auch die Bindungsstrategie des Kindes und dies könne damit nicht adäquat umgehen. Dies birge die Gefahr, dass das Kind seine gelernte Bindungsstrategie ändere und eine unsichere Bindung entwickele, die ein erhöhtes Risiko darstelle- eine Entwicklung zur bis hin zum desorganisierten Bindungsverhalten sei nicht ausgeschlossen. Ein weiterer Aspekt beim sicheren gebunden Kind sei die Tatsache, dass es zum ersten Mal die Erfahrung mache, dass seine Bindungsbedürfnisse nicht befriedigt werden könnten (vgl. Klein 2010, S. 84).

Folgen für Kinder mit unsicher-vermeidender Bindung

Ein unsicher gebundenes Kind, könne durch die Trennung zusätzlich belastet werden, da die ohnehin schon wenig verfügbare Mutter noch weniger für ihre Kind als Unterstützung da sei (vgl. Klein 2010, S. 83). Vermeidend gebundene Kinder weisen für Krisensituationen angepasste Strategien an, da sie den Schmerz der durch die Trennung erzeugt werde nicht an sich heran, wie vergleichsweise sicher gebunden Kinder. Es gibt eine hohe Wahrscheinlichkeit, dass sich diese Kinder emotional noch mehr von ihren Eltern zurückziehen, die Trennung als Krise verleugnen und Ängste verdrängen. Laut König können diese verdrängten Gefühle in aggressives Verhalten umgelenkt werden, was sich gegen Objekte und nicht auf die Bindungspersonen richte (vgl. Klein 2010, S. 84). In Bezug auf die Trennung stelle die unsicher-vermeidende Bindung ein Risikofaktor für das Kind dar.

Folgen für Kinder mit unsicher-ambivalenter Bindung

Laut König könne das unsicher-ambivalent gebundene Kind in regressive, d.h. in rückläufige Zustände verfallen. Es bestehe die Gefahr, dass durch die veränderte Familienstruktur das Kind ein höheres Maß an Angst und Abhängigkeit aufzeigen könne. Wie beim unsicher-vermeidenden gebundenen Kind können Aggressionen entstehen, die sich gegen die Bindungsperson richten (vgl. Klein 2010, S. 85).

Folgen für Kinder mit desorganisierter Bindung

Die langfristigen und schwersten Folgen von Trennung werden den Kindern zugeschrieben, die desorganisiert gebunden sind. Eine Studie von Carlson im Jahr 1998 bestätigt die Vermutung der erhöhten Anfälligkeit desorganisierter Kinder eine dissoziativen Störung aufzuzeigen, wenn diese später ein Trauma erleiden würden. Main und Hesse verweisen hier allerdings auf Forschungsbedarf (vgl. Klein 2010, S. 85).

3.4 Veränderlichkeit des internalen Arbeitsmodells

Wie in Kapitel 2.3.5 bereits beleuchtet wird, haben internale Arbeitsmodelle eine wichtige Bedeutung für die Persönlichkeitsentwicklung, stehen als Model für zukünftige Beziehungen dar und können sich verändern.

Laut dem Ehepaar Grossmann, könne eine Trennung der Eltern weitreichende Folgen haben, wenn diese vom Kind als belastet erlebt werde. Daraus erschließt sich, dass das Arbeitsmodell nicht mehr adaptiv sei, sprich, die vom Kind gelernte Erwartungshaltung gegenüber der Interaktion mit seinen Bindungspersonen könne sich nicht mehr anpassen (Grossmann/Grossmann 2004, S. 495).

Internale Arbeitsmodelle seien über sprachliches Narrativa (Erzählen), zugänglich: In Untersuchungen von Birgit Böhm (2000) werden Jungen im Alter von zehn bis vierzehn Jahre, unter Verwendung der Griceschen Maximen, über ihr derzeitiges Leben interviewt. Die Hälfte der Jungen kommen aus Trennungsfamilien, bei denen die Trennung innerhalb der letzten beiden Jahre stattfand. Diese zeigen "signifikant mehr Verletzungen Gricescher Maximen im Diskurs" (Grossmann/Grossmann 2004, S. 429) als die Jungen von nicht geschiedenen Eltern.

Um das Vorangegangene zu verdeutlichen, werde kurz die **Gicescher Maxime** erklärt: H.P. Grice formulierte im Jahr 1975 vier Prinzipien/Maxime, in denen es darum geht, was ein Hörer zum Verstehen und Nachzuvollziehen benötigt, was ein Sprecher sagt. Diese vier Maxime seien die Quantität, die Qualität, Bezug sowie die Art und Weise des Diskurses. Für das Verständnis und die Erfassung von interne Arbeitsmodellen durch unterschiedliche Qualitäten des Sprechens über persönliche Bindungsqualitäten sei es wichtig, diese Prinzipien zu kennen (vgl. Grossmann/Grossmann 2004, S. 429).

4. Auswirkungen der Trennung auf die Kindliche Entwicklung

4.1 Psychische Folgen

Es sei davon auszugehen, dass Kinder und Jugendliche von den Konflikte vor, während und nach Trennung der Eltern massiv betroffen sind. Streitigkeiten, Bitterkeit, die meist veränderte ökonomische familiäre Situation und auch eine teilweise Vernachlässigung des Kindes prägen die Heranwachsenden. In der Scheidungsphase sei die innere Zerrissenheit des Kindes zwischen den Eltern und die daraus resultierenden Loyalitätskonflikte am Größten. Meist seien die getrennten Parteien mit ihren Gefühlen des Versagens, Enttäuschungswut, Abwehr und Schulgefühlen so beschäftigt, dass das Kind nicht die nötige Aufmerksamkeit für sein amivalentes Gefühlsleben erhalte. Reaktionen wie depressive Antrieblosigkeit, seelisches Leid oder auch "angstgetönter Überanpassung" (o. Autor 2016) werden häufig nicht beachtet. In diesem Fall ergreifen Kinder ihre einzige Chance und reagieren mit massiven Verhaltensauffälligkeiten, um die fehlende Aufmerksamkeit zu erhalten (vgl. o. Autor 2016; Hötker-Ponath 2009, S. 143ff).

Reaktionen von Kindern

Seelischer Schmerz mache sich bei Kindern in verschiedener Reaktion bemerkbar. Die Skala reiche von passiven und resignierenden Verhalten, bis hin zu oppositionellen und zornigen Nichtanerkennens des schmerzlichen Zustandes. Die Reaktion hänge davon ab, in welcher Ausprägung Angst, Schuld, Hilflosigkeit erlebt werden und lassen sich in Aggression, plötzlichem asozialen oder ggf. auch straffälligen Verhaltens beobachten. Hinzu kommen Verhaltensweisen wie Clownerie, altkluges, pseudoerwachsenes Gehabe oder es folgen Reaktion im psychosomatischen Bereich wie Bauch- oder Kopfschmerzen, Einnässen, Übelkeit, die als Abwehrversuche des depressiven Erlebens kategorisiert werden können (vgl. o.Autor 2016).

Reaktionen von Jugendlichen

Entwicklungsbedingt orientieren sich Jugendliche eher außerhalb des familiären Geschehens und erleben die unvollständige Familie als "beschämenden Mangel" (o.Autor 2016). Man gehe davon aus, dass sie durch das Miterleben des Scheiterns ihrer Eltern in ihren Bedürfnissen geschädigt seien, soziale Kompetenzen und Anerkennung zu erlangen. Diese Schamgefühle werden kompensiert durch einen häufigen Leistungsabfall, mangelnde Konzentration oder dem Rückzug aus Sozialkontakten. Die extremsten Reaktionen von Jugendliche auf Trennung reichen von emotionalem Rückzug, über Abwehr gegen die Entwicklungsanforderungen des Erwachsenwerdens, oder im Gegensatz dessen zu einen beschleunigten Entwicklungsverlauf bis hin zur sexuelle Frühreife (vgl. o.Autor 2016).

4.2 Kindeswohlgefährdung als Folge hochkonflikthaften Verhaltens der Eltern

Unter hochkonflikthaften Familien, verstehe man in der Kinder- und Jugendhilfe, wie auch im Bereich der psychosozialen Beratung und im Familienrecht, Trennungs- und Scheidungsfamilien, die über einen längeren Zeitraum hinweg Streit um das Kind führen. Diese Konflikte wachsen stetig an und geraten außer Kontrolle, was dazu führe, dass Kinder mit hineingezogen und belastet werden (vgl. Dietrich, Fichtner, Halatcheva et al. 2010, S. 10).

Diese Konflikte reichen von belastenden Kontakten mit dem getrennt lebenden Elternteil, über ausgeprägte Loyalitätskonflikte, bis hin zu kindeswohlgefährdeten Folgen von Partnerschaftsgewalt. Hier sei davon auszugehen, dass diese Konflikte die Fähigkeit der Eltern verringern und kindeswohlgefährdende Bedingungen schaffen. Hilfebedarf sei in allen Fällen gegeben. Angebote der Jugendhilfe können den Heranwachsenden dahingehend unterstützen, mögliche Gefahren zu erkennen und sich zu widersetzen (vgl. Dietrich, Fichtner, Halatcheva et al. 2010, S. 32).

Diese latente oder manifestierte Situation stelle einen Risikofaktor für das Kind da und es müsse in jedem Fall die Gefahr der Kindeswohlgefährdung abgeschätzt werden. Hierzu werden folgende Kriterien festgelegt:

"1.Einschänkung der Erziehungsfähigkeit des hauptsächltich betreuenden Eltern teils oder beider Elternteile aufgrund der kogitiven Verengung des Elternkonfliktes, 2. Behandlungsbedürftige Belastungssymptomatik des Kindes, 3. Eingeschränkte Bewältigung altersentsprechender Entwicklungsaufgaben und 4. Fehlentwicklungen in der Eltern-Kind-Beziehung" (Dietrich, Fichtner, Halatcheva et al. 2010, S. 32).

4.3 Hilfen für Eltern und Kinder

Eltern bekommen zum einen Unterstützung von Erziehungs- oder Ehe- und Familien-beratungsstellen. Deren Aufgabe ist es, eine elterliche Einigung durch die Unterstüt-zung in punkto Umgangs- und Sorgerechtsfragen zu eruieren, für Beratungsstellen insbesondere in §156 Familienverfahrensrecht. Zum anderen stehen andere Professi-onen, wie Mitarbeiter des Allgemeinen Sozialen Dienstes, Umgangspfleger/innen Ver-fahrensbeistände oder psychologische Sachverständige- neben juristischen Beistand-zur Verfügung (Dietrich, Fichtner, Halatcheva et al. 2010, S. 33).

Gisela Hötker-Ponath stellt in ihrem Buch "Trennung und Scheidung- Prozessbeglei-tenden Intervention in Therapie und Beratung" von 2009 die Trennungs- und Schei-dungsberatung vor, die eine spezielle Form der psychologischer Beratung darstellt. Dieses freiwillige Beratungsangebot werde von kirchlichen und freie Trägern angebo-ten und helfe, im Sinne des Kindschaftsrechts, einzelnen Familienmitgliedern oder neu entstandenen Familiensystemen ein konstruktives Leben vor, während und nach der Trennung/Scheidung, führen zu können (vgl. Hötker-Ponath 2009, S. 60). Diese Bera-tung erfolge punktuell oder als prozessbegleitende Hilfe und verfolgt die nachstehen-den Ziele. Es werde erörtert, was Kinder brauchen, um die Trennung zu bewältigen und wie Elternteile mit der neuen Lebenssituation umgehen können: "Die Familienmit-glieder sollen in die Lage versetzt werden, aufbauend auf den in der Familie vorhande-nen und entwickelbaren Kompetenzen, die unterschiedlichen Aufgabenstellungen in den verschiedenen Phasen des Scheidungsgeschehens zu bewältigen, unter Berück-sichtigung der Systeme, in die die Familie eingebettet ist" (Fthenakis u.a. 1991, S. 58 zit. n. Hötker-Ponath 2009, S. 61).

5. Zusammenfassung und Ausblick

Trennung oder Scheidung verändert die familiären Strukturen und die Beziehung von Kind zu den Elternteilen, die im nach Trennungsprozess neu definiert werden müssen. Jedoch stellt die Trennung allein kein Risikofaktor für die kindlichen Entwicklung dar. Es kommen viele Faktoren hinzu, die im Vorangegangenen beleuchtet wurden. Bindung kann Schutz- und Risikofaktor für das Kind sein.

Zum einen hat, wie in Kapitel 3.2 erörtert wurde, die gänzliche Abwesenheit des Vaters beeinträchtigende Folgen für das Kind. Zudem ist die Bindungsqualität vor der Trennung (Kapitel 2.3.4), gepaart mit dem Verhalten der Mutter nach der Trennung ausschlaggegeben für dessen weiteres Bindungsverhalten (Kapitel 3.3). So steht die Mutter eines sicher gebundenen Kindes, nach der Trennung als Schutzfaktor dar, wenn diese die Trennung gut verarbeitet und sich weiterhin feinfühlig um das Kind kümmert. Ist sie mit ihren eigenen Gefühlen überlastet, reagiert nicht feinfühlig auf das Kind, gilt sie Risikofaktor. Für ein unsicher gebundenes Kind, das noch weniger Unterstützung erhält, kann durch die Trennung zusätzlich belastet werden. Zum anderen kann sich das internale Arbeitsmodell verändern, da die Interaktionsmuster, die im ersten Lebensjahr erworben wurden, nicht mehr adaptiv sind (Kapitel 2.3.5 und 3.4).

Tom, der in Kapitel 1 vorgestellt wurde, ist ein Beispiel für die psychischen Folgen auf Grund seines Loyalitätskonfliktes gegenüber seinen Eltern. Seine Reaktionen auf das hochkonflikthafte Verhaltens der Eltern zeigen sich, wie in den Reaktionen von Kindern und Jugendlichen aus Kapitel 4.1 beschrieben wurde. Für die Arbeit muss in diesem Fall eine latenten Kindeswohlgefährdung erwogen werden.

Eine Trennung oder Scheidung kann aber muss nicht zwangsläufig auf die kindlichen Entwicklung auswirken.

Die Konsequenzen für die Soziale Arbeit ist- je nach Arbeitskontext- in jedem Fall die Beobachtung, Anamnese und die Sozialpädagogische Diagnose, um eine Verhaltensauffälligkeit des Kindes deuten und Elternarbeit initiieren zu können.

Das Ziel der Beratung von Trennungseltern, im Kontext der ambulanten Jugendhilfe, sollte dahingehend gestaltet werden, beiden Elternteilen zu helfen, ihre Probleme unter Berücksichtigung der Kinder zu lösen und ihre Verantwortung gegenüber dem Kind darzustellen, wie auch die Folgen aufzuzeigen. Sie sollten im Hinblick auf Bindung sensibilisiert werden. Zum anderen, sollte das Kind in Form von entlastenden Angeboten oder, je nach kognitiven Möglichkeiten, in Gesprächen unterstützt werden.

Aktuell arbeite ich als Schulsozialarbeiterin. In diesem Kontext ist der zeitliche Aspekt zu erwähnen. Nach der Beobachtung und Gesprächen mit den Lehrern, sollten hier die Eltern eingeladen und nach Anamnese und Sozialpädagogischer Diagnose zu einer Beratungsstelle verwiesen und ggf. auch begleitet werden. Der Kontakt sollte dabei weiterhin bestehen, um die Fallverantwortung nicht abzugeben.

Wie schon erwähnt, sollte die Gefahr der Kindeswohlgefährdung bedacht werden.

Eine anschließende Betrachtung der kindlichen Reaktionen in Entwicklungsstufen und Altersschritten in Bezug auf die Trennung wäre in sehr interessant, da diese in der vorliegenden Hausarbeit nicht erläutert wurden.

Literaturverzeichnis

Berk, Laura E. (2011): Entwicklungspsychologie. 5., aktualisierte Auflage- bearbeitet von Ute Schönflug. Pearson Deutschland GmbH, Hallbergmoos

Bowlby, John (1995): Elternbindung und Persönlichkeitsentwicklung. Therapeutische Aspekte der Bindungstheorie. Dexter Verlag, Heidelberg

Brisch, Karl Heinz (2006). Bindungsentwicklung und Bindungsstörungen. URL: http://www.khbrisch.de/files/brisch_vorlesung_bindung_200611_versand.pdf Abgerufen am 26.01.2016

Brisch, Karl-Heinz (2008): Bindung und Umgang (S. 89-135) In: "Siebzehnter Deutscher Familiengerichtstag vom 12. bis 15. September 2007 in Brühl". (Brühler Schriften zum Familienrecht, Band15). Verlag Gieseking, Bielefeld

Brisch, Karl-Heinz (2014): Bindung ist emotionale Nahrung, die uns am Leben hält. In: Psychologie heute. Seite 22-25.

Bundesministerium für Familie, Senioren, Frauen und Jugend (2015): Alleinerziehende fördern und unterstützen. URL: http://www.bmfsfj.de/BMFSFJ/familie,did=31498.html Abgerufen am 22.01.2016

Dietrich, Peter S./ **Fichtner** Jörg, Dr / **Halatcheva** Maya, Sandner Eva, Weber Mathias (2010): Arbeit mit hochkonflikthaften Trennungs- und Scheidungsfamilien- Eine Handreichung für die Praxis. Bundesministerium für Familie, Senioren, Frauen und Jugend Publikationsversand der Bundesregierung, Rostock

Gerrig, Richard J. / **Zimbardo** Philip G. (2008): Psychologie. 18., aktualisierte Auflage. Pearson Deutschland GmbH, Hallbergmoos

Grossmann Klaus E./ **Grossmann** Karin (2003): Bindung und menschliche Entwicklung: John Bowlby und Mary Ainsworth und die Grundlagen der Bindungstheorie. Klett Cotta, Stuttgart

Grosmann Klaus E./ **Grosmann** Karin (2004): Bindungen - das Gefüge psychischer Sicherheit. Klett Cotta, Stuttgart

Grossmann Klaus E./ **Grossmann** Karin (2009): Bindung und menschliche Entwicklung. Klett Cotta, Stuttgart

Holmes Jeremy/**Grossmann** Klaus (2006): Sichere Bindung und Psychodynamische Therapie. Klett Cotta, Stuttgart

Grossmann Klaus E./ **Grossmann** Karin (2012): Bindungen-das Gefüge psychischer Sicherheit. Klett Cotta, Stuttgart

Hötker-Ponath, Gisela (2008): Scheidungskinder im Blick- Wo bleiben die Kir Jugendlichen in der Trennungs- und Scheidungsberatung. Aus: Beratung Akti Fachzeitschrift und Praxis in der Beratung. Jungfern Verlag, Paderborn. Seite 1-22

Hötker-Ponath, Gisela (2009): Trennung und Scheidung- Prozessbegleitende Interventionen in Beratung und Therapie. Klett-Cotta, Stuttgart

Keller, Heidi (1997): Handbuch der Kleinkindforschung. Hans Huber Verlag, Bern

Kirschke, Karoline/ **Hörmann**, Kerstin (2014): Grundlagen der Bindungstheorie URL:http://www.kita-fachtexte.de/uploads/media/KiTaFT_kirschke_hoermann_2014.pdf
Abgerufen am: 18.02.2016

Klein, Manuela (2010): Die Bedeutung von Trennung und Scheidung für die Bindung des Kindes. Europäische Hochschulschriften. Reihe VI Psychologie Bd./Vol. 761. Peter Lang GmbH Internationaler Verlag der Wissenschaften, Frankfurt

o. Autor (2016): Psychische Folgen durch Trennung oder Scheidung.

Milton Keynes UK
Ingram Content Group UK Ltd.
UKHW042212310723
426074UK00023B/490

9 783668 414839